TejiendoMéxico

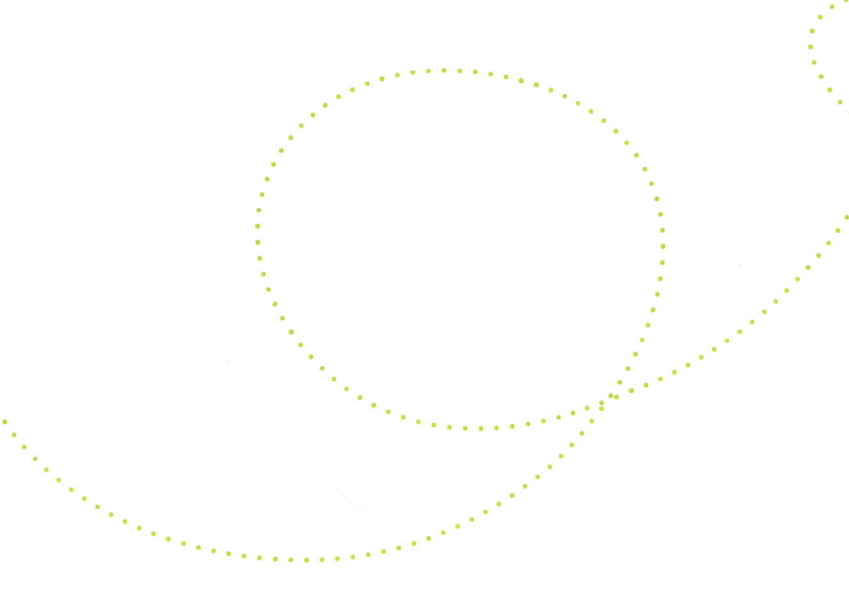

Autora: Sofía Valdez
Revisión de texto: Cristina García de González
Diseño gráfico y formación: Mónica Cahue Morales
Ilustración: Mónica Cahue Morales
Fotografía: Edgar Guzmán García
Corrección de estilo: Esteban Barraza Saldaña

Todos los derechos reservados. Prohibida la reproducción total o parcial de esta obra en cualquier forma electrónica o mecánica sin permiso escrito del autor.

Primera edición 2015
México, D.F. 25 de agosto de 2015

# TejiendoMéxico

*Sofía Valdez*

# Índice

| | |
|---|---|
| Agradecimientos | 7 |
| Introducción | 9 |
| Abreviaturas y glosario | 10 |
| Puntadas básicas | 10 |

## Amigos

| | |
|---|---|
| El perrito chihuahua | 16 |
| El burrito | 18 |
| El perrito xolo | 20 |
| El changuito | 22 |
| El mariachi | 24 |

## Muñecas

| | |
|---|---|
| La muñeca otomí | 26 |
| La catrina | 30 |

## Fiesta

| | |
|---|---|
| El algodón de azúcar | 34 |
| La piñata | 36 |
| Las maracas | 38 |
| El rehilete | 40 |

## Religión

| | |
|---|---|
| El sagrado corazón | 42 |
| La Virgen de Guadalupe | 44 |

## Juguetes

| | |
|---|---|
| El trompo | 46 |
| La matatena | 48 |
| El luchador | 52 |

## Tradición

| | |
|---|---|
| El pan de muerto | 54 |
| La calaca de dulce | 56 |
| El papel picado | 58 |

## Agradecimientos

Agradezco a mi esposo su apoyo desde el inicio de este proyecto, por haberme ayudado a cumplir este sueño. Gracias por creer siempre en mí.

A mi familia, que es uno de los grandes tesoros que nos da la vida; a mi familia política, los adoro a cada uno de ellos.

Principalmente, agradezco a Dios y a la Virgen de Guadalupe que nunca me han dejado sola en mi camino.

TejiendoMéxico

 www.facebook.com/valderna

 #tejiendomexico  #sofiavaldez  #crochet

## Introducción

La idea de crear este libro nace durante mi regreso a México, después de haber estado dos años vivendo fuera. Me di cuenta de cuánto había extrañado a mi cultura y a mi gente. Tomé conciencia de que en nuestro país tenemos mucha riqueza en tradiciones, gastronomía y sitios hermosos pero, a veces, la rutina en nuestra vida cotidiana nos impide ver lo bello que es vivir en esta tierra. Me llena de alegría reconocerme como mexicana y que mi país tiene tanto que darme.

 es un libro que te invita a adentrarte en una parte de lo que es nuestro país, representado en las artesanías que se producen en algunas regiones de la República Mexicana, así como en algunas de sus maravillosas tradiciones.

Lo escribí con muchísimo cariño y con todo el corazón para aquellas personas que como yo disfrutan plenamente con el tejido y las manualidades.

Espero que disfruten mucho, tanto como yo, haciendo mis muñecos y… ¡no se diga más! Preparen sus ganchos que hay mucho que tejer.

TejiendoMéxico

## Abreviaturas y Glosario

*Empecemos repasando conceptos*

\* Repite entre \* y \*
**Am** = Anillo mágico
**Aprox** = Aproximadamente
**Aum** = Aumento
**Aumltp** = Aumento lazada trasera del punto.
**Cad** = Cadena(s)
**Dism** = Disminución
**Dismltp** = Disminución lazada trasera del punto
**Ltp** = Lazada trasera del punto
**Mcz** = Macizo
**Mp** = Medio punto
**Mpltp** = Medio punto lazada trasera del punto
**Mcz2l** = Macizo de 2 lazadas
**Mcz3l** = Macizo de 3 lazadas
**Mcz3lj** = Macizo de 3 lazadas juntas en un mismo punto
**Mczdism** = Macizo en disminución
**Mczj** = Macizos juntos en un mismo punto
**Mmcz** = Medio macizo
**Mpj** = Medios puntos juntos en un mismo punto
**P** = Punto(s)
**Pd** = Punto deslizado
**Pp** = Primer punto
**Ppi** = Primer punto de inicio
**Rep** = Repetir
**Seg** = Segunda/segundo
🌶 = Nivel de dificultad

## Puntadas básicas

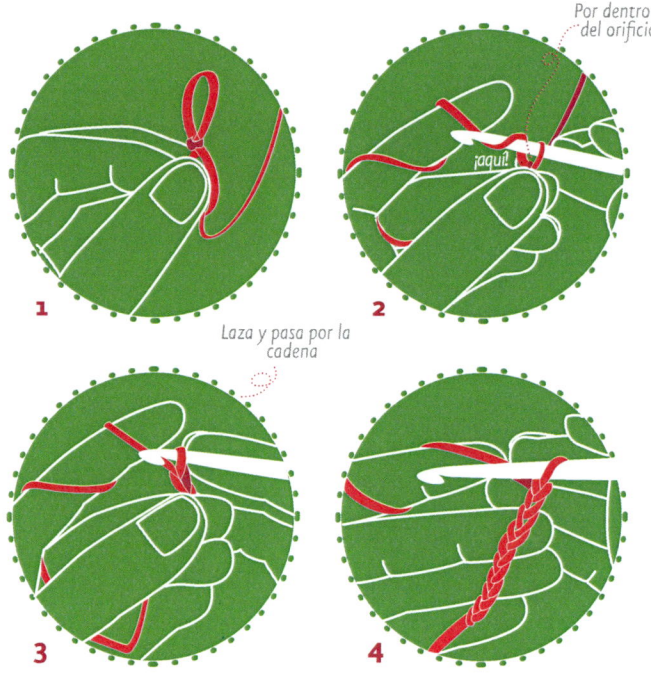

### Cadenas

**Pasos:**

- Crea un nudo deslizado: haz un círculo, después pasa el estambre por dentro del orificio y jala.

- Te quedará un nudo con una orejita, ajústala al tamaño del gancho que estés usando.

- Ya que pongas el gancho en la primera cadena, haz una lazada y desliza por la cadena del gancho. Sigue trabajando igual, lazada y pasa por la cadena hasta llegar a las cadenas necesarias.

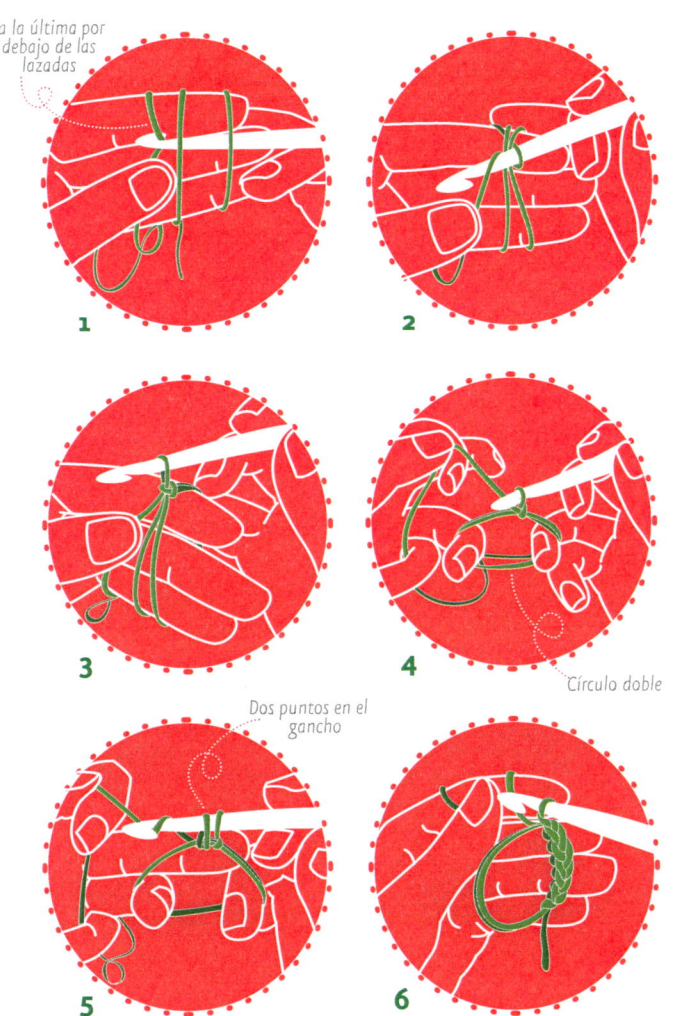

## Anillo Mágico

**Pasos:**

- Enrolla el estambre en tres dedos con dos vueltas y que el final te quede del lado derecho abajo por atrás de la mano.

- Pasa por abajo de las primeras dos lazadas con el gancho y jala la última, desliza por debajo de las lazadas.

- Con el estambre laza y pásalo por el punto del gancho.

- Saca los dedos y se hará un círculo doble.

- Trabaja dentro del círculo.

- Entra por el centro del círculo, jala estambre con el gancho, hasta aquí debes de tener dos puntos en el gancho, laza y llévate esos dos puntos.

- Repite este último paso hasta montar los puntos necesarios.

- Para cerrar el círculo, jala una de las dos lazadas, la otra se tiene que ir haciendo pequeña y al mismo tiempo tira también del final para que las dos lazadas queden completamente cerradas.

- Para comenzar a trabajar sobre el anillo mágico, hazlo en contra de las manecillas del reloj.

¡wow, se ve muy bien!

TejiendoMéxico

## Medio Punto

Para hacer esta puntada es necesario contar con cadena base o anillo mágico.

**Pasos:**

- Coloca el gancho en la cadena, entra en el primer punto, laza y pasa por el punto, hasta aquí debes tener dos puntos en el gancho.

- Vuelve a lazar y saca los dos puntos del gancho.

- Para avanzar, vuelve a repetir los pasos pero en el siguiente punto.

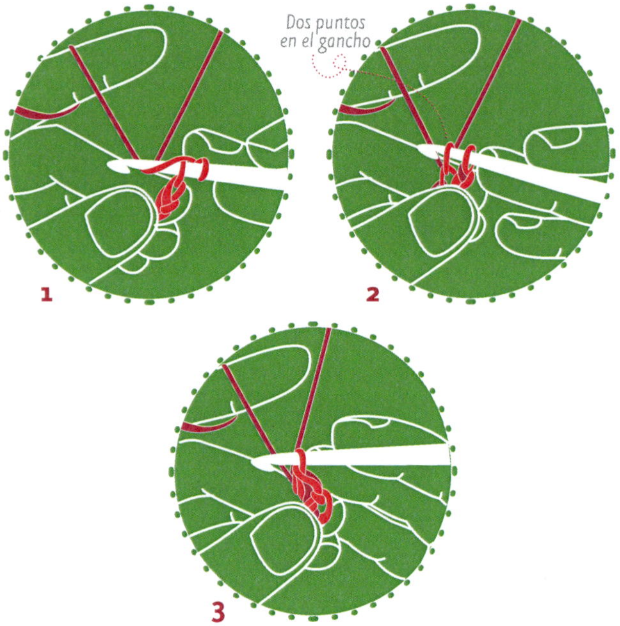

*Dos puntos en el gancho*

*He aquí cómo aumentar puntos*

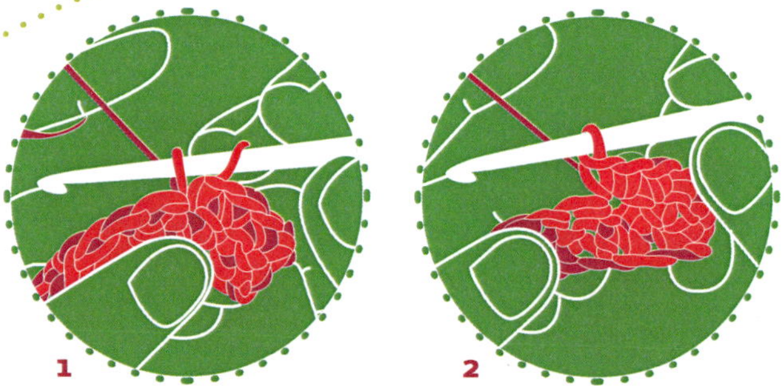

## Aumentar

Necesitas trabajar dos veces en el mismo punto.
Los aumentos se pueden aplicar a cualquier puntada.

**Pasos:**

- Haz un medio punto, al terminar vuelve a hacer otro medio punto en el mismo punto.

## Disminuir

Trabajamos dos puntos y los hacemos uno.
Las disminuciones se pueden aplicar para cualquier puntada.

**Pasos:**

- Entra en el punto, laza y jala.

- Salta al siguiente punto y repite el paso anterior.

- Ya que tengas tres puntos en el gancho, llévatelos con una lazada para que te quede un punto en el gancho.

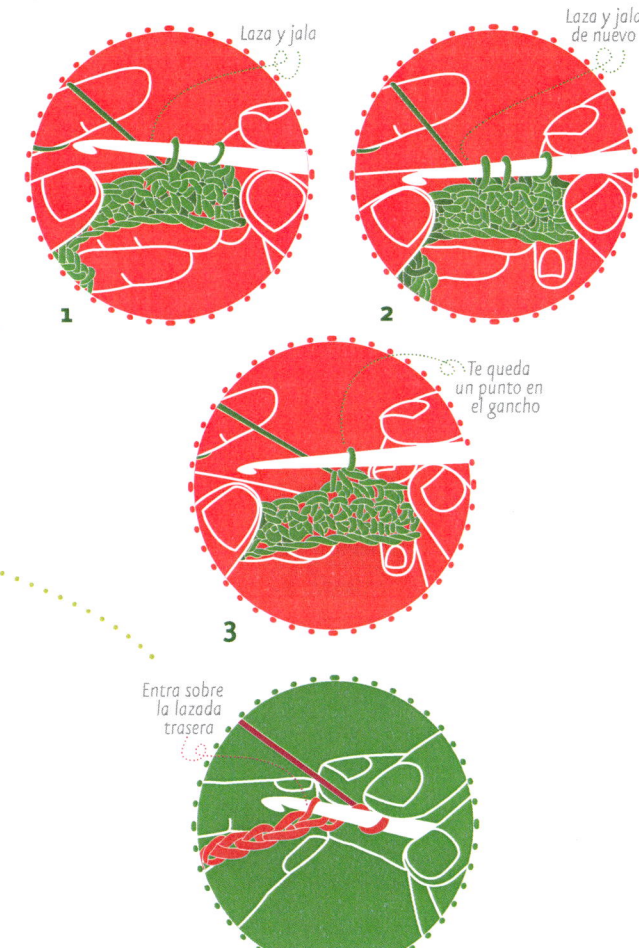

## Punto deslizado

Entra en el punto, laza y desliza hasta el punto del gancho.

## Lazada trasera del punto

Entra sobre la lazada trasera del punto la puntada que nos esté pidiendo.

## Macizo

**Pasos:**

- Lazada, entra en el punto, laza de nuevo, jala por el punto (tienes tres puntos en el gancho) laza, saca dos puntos del gancho, laza y saca los otros dos puntos del gancho.

*Los macizos de dos y tres lazadas se trabajan igual que el macizo, sólo aumenta las lazadas antes de entrar al punto.

## Macizo de dos lazadas

**Pasos:**

- Dos lazadas, entra en el punto, laza de nuevo y jala por el punto (tienes cuatro puntos en el gancho); laza, saca dos puntos del gancho, laza, saca dos puntos del gancho y laza, saca dos puntos del gancho.

## Macizo de tres lazadas

**Pasos:**

- Tres lazadas, entra en el punto, laza de nuevo y jala por el punto (tienes cinco puntos en el gancho); laza, saca dos puntos del gancho, laza, saca dos puntos del gancho, laza, saca dos puntos del gancho y laza, saca dos puntos del gancho.

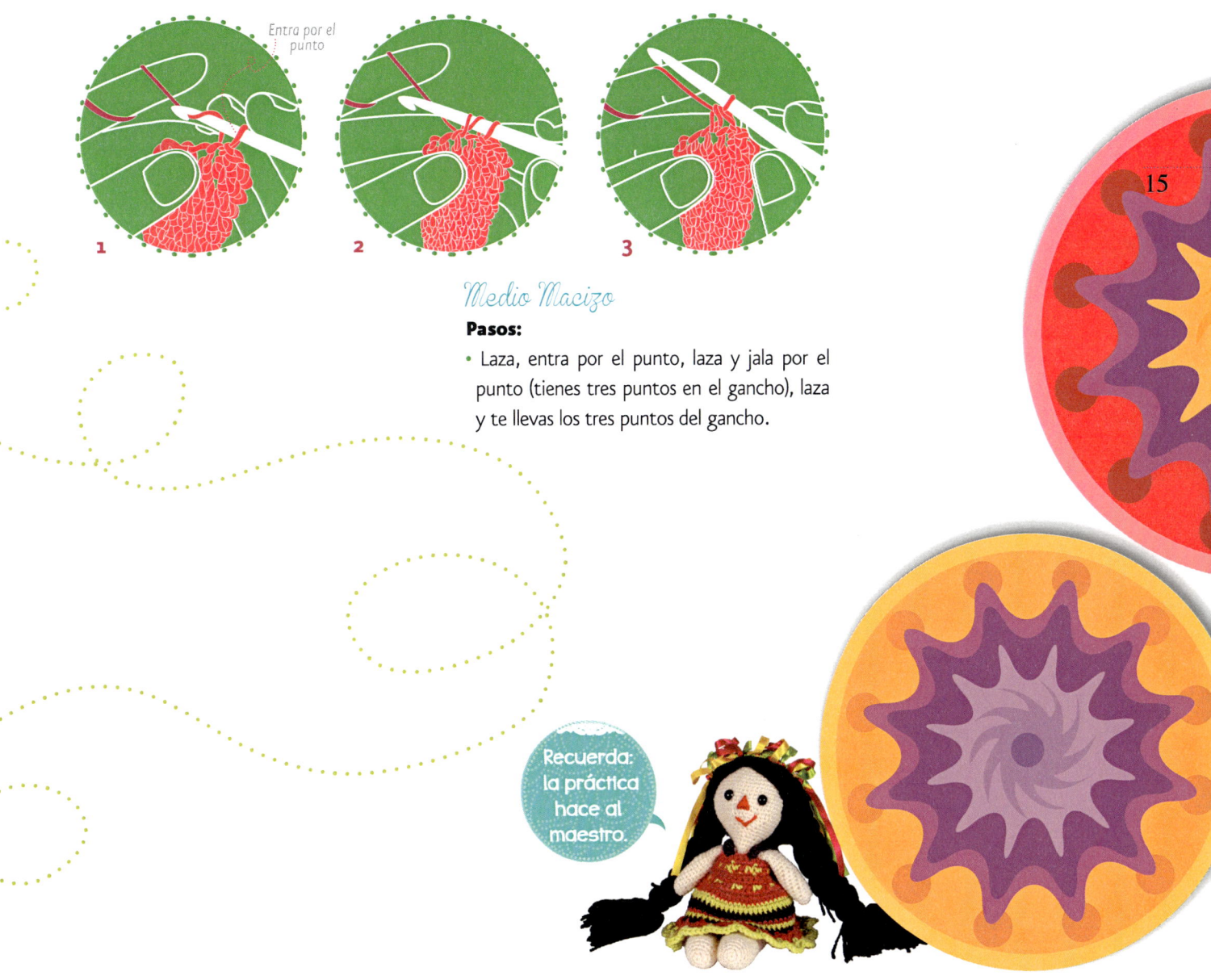

*Entra por el punto*

1   2   3

## Medio Macizo

**Pasos:**

- Laza, entra por el punto, laza y jala por el punto (tienes tres puntos en el gancho), laza y te llevas los tres puntos del gancho.

Recuerda: la práctica hace al maestro.

## Cabeza

Usa estambre color caramelo.
1: Am. (6 pts)
2: * aum * rep. (12 pts)
3: * mp, aum * rep. (18 pts)
4: * 2 mp, aum * rep. (24 pts)
5: * 3 mp, aum * rep. (30 pts)
6: * 4 mp, aum * rep. (36 pts)
7-12: * mp * rep. (36 pts)
13: * 4 mp, dism * rep. (30 pts)
14: * 3 mp, dism * rep. (24 pts)
15: * 2 mp, dism * rep. (18 pts)
Rellena.
16: * mp, dism * rep. (12 pts)
Remata y deja una hebra larga para coser.

## Cuerpo

Usa estambre color caramelo.
1: Am. (6 pts)
2: * aum * rep. (12 pts)
3: * mp, aum * rep. (18 pts)
4-11: * mp * rep. (18 pts)
Remata y rellena.

## Patas (2 piezas)

Usa estambre color blanco.
1: Am. (4 pts)
Cambia estambre color caramelo.
2-7: * mp * rep. (4 pts)
Remata y deja una hebra larga para coser.

Patas traseras (2 piezas)
Usa estambre color blanco.
1: Am. (5 pts)
2: * aum * rep. (10 pts)
3: * mp * rep. (10 pts)
Remata, rellena y deja una hebra larga para coser.

## Orejas (2 piezas)

Usa estambre color caramelo.
1: Am. (5 pts)
2: * aum * rep. (10 pts)
3: * mp, aum * rep. (15 pts)
4: * 2 mp, aum * rep. (20 pts)
5: 4 mp, voltear.
6: Cad, dism, mp, dism, voltear.
7: Cad, 3 mp, voltear.
8: Cad, mp, dism, voltear.
9: Cad, dism, voltear.
10: Cad, mp.
Remata.

Cambia estambre color blanco.
1: * mp * rep todo el contorno de la oreja, 3 mpj en la punta de la oreja.
Remata.

## Hocico

Usa estambre color caramelo.
1: Am. (6 pts)
2: * aum * rep. (12 pts)
3: * mp, aum * rep. (18 pts)
4: * mp * rep. (18 pts)
Remata, rellena y deja una hebra larga para coser.

## Mancha de frente

Usa estambre color blanco.
1: 7 cad.
2: Mp en la seg cad desde el gancho 5 mp, voltear.
3: Cad, dism, 2 mp, dism, voltear.
4: Cad, 4 mp, voltear.
5: Cad, 2 dism, voltear.
6: Cad, 2 mp, voltear.
7: Cad, dism, voltear.
8: Cad, mp.
Remata y deja una hebra larga para coser.

¡Guauuu! Que orejas tan grandes y bonitas

## Pasos para armar

1. Une todas las partes del cuerpo, después cose las orejas, hocico y la mancha de frente, usando aguja de caneva.
2. Utiliza el silicón para pegar los ojos y la nariz, cose con estambre blanco las cejas.

## Amigos

# El Burrito

### Material
- Medida de gancho: 3.5 mm.
- Colores de estambre: amarillo, blanco, celeste, gris pardo, naranja, negro y negro estilo peludo.

### Tamaño
- Sin orejas 18 cm; con orejas 25 cm de alto.

### Material Extra
- Par de ojos negros de 12 mm.
- 2 botones en color azul.

*Nivel de dificultad*

### Cabeza
Usa estambre color gris pardo.
1: Am. (6 pts)
2: * aum * rep. (12 pts)
3: * mp, aum * rep. (18 pts)
4: * 2 mp, aum * rep. (24 pts)
5: * 3 mp, aum * rep. (30 pts)
6: * 4 mp, aum * rep. (36 pts)
7: * 5 mp, aum * rep. (42 pts)
8-15: * mp * rep. (42 pts)
16: * 5 mp, dism * rep. (36 pts)
17: * 4 mp, dism * rep. (30 pts)

*Es uno de los animales más representativos de México. Antiguamente era usado como medio de transporte y de carga; en algunos pueblos aún se usa para esto. Con su nombre se bautizó un tipo de tacos.*

Sofia Valdez

18: * 3 mp, dism * rep. (24 pts)
Rellena.
19: * 2 mp, dism * rep. (18 pts)
20: * mp, dism * rep. (12 pts)
21: * dism * rep. (6 pts)
Remata.

## Cuerpo
Usa estambre color gris pardo.
1: Am. (6 pts)
2: * aum * rep. (12 pts)
3: * mp, aum * rep. (18 pts)
4: * 2 mp, aum * rep. (24 pts)
5: * 3 mp, aum * rep. (30 pts)
6-15: * mp * rep. (30 pts)
16: * 3 mp, dism * rep. (24 pts)
Rellena.
17: * 2 mp, dism * rep. (18 pts)
18: * mp, dism * rep. (12 pts)
19: * dism * rep. (6 pts)
20: * dism * rep. (3 pts)
Remata.

## Cuello
Usa estambre color gris pardo.
1: 20 cad. (unir con pd con el primer p)
2-3: 1 cad, mp en toda la vuelta, unir con pd.
Une con el cuerpo y cabeza; rellena.

## Hocico
Usa estambre color blanco.
1: Am. (6 pts)
2: * aum * rep. (12 pts)
3: * mp, aum * rep. (18 pts)
4: * 2 mp, aum * rep. (24 pts)
5-6: * mp * rep. (24 pts)
7: * 3 mp, aum * rep. (30 pts)
Remata y rellena.

## Patas (4 piezas)
Usa estambre color negro.
1: Am. (6 pts)
2: * aum * rep. (12 pts)
3: * mpltp * rep. (12 pts)
4: * mp * rep. (12 pts)
Cambia estambre color blanco.
5: * mp * rep. (12 pts)
Cambia estambre color gris pardo.
6-7: * mp * rep. (12 pts)
Remata y rellena.

## Orejas (2 piezas)
Usa estambre color gris pardo.
1: Am. (4 pts)
2: * aum * rep. (8 pts)
3: * mp, aum * rep. (12 pts)
4: * mp * rep. (12 pts)
5: * 2 mp, aum * rep. (16 pts)
6-7: * mp * rep. (16 pts)
8: * 3 mp, aum * rep. (20 pts)

9: * mp * rep. (20 pts)
10: * 2 mp, dism * rep. (15 pts)
11: * mp, dism * rep. (10 pts)
12-14: * mp * rep. (10 pts)
Remata.

## Cola
Usa estambre color gris pardo.
1: 10 cad.
Con el estambre color negro peludo ponle mechas al final de la cola.

## Sarape
Usa estambre color celeste.
1: 16 cad, mp en la seg cad desde el gancho, 14 mp, voltear.
Cambia estambre color amarillo.
2-3: Cad, 15 mp, voltear.
Cambia estambre color naranja.
4: Cad, 15 mp, voltear.
Cambia estambre color celeste.
5: Cad, 15 mp, 3 mpj y continua por el costado, mp, 5 cad, 3 mp. Remata.
*Trabaja del otro lado del costado.
6: 2 mp, 5 cad, 3 mp. Remata.

## Pasos para armar
1. Une todas las partes del cuerpo usando aguja de caneva.
2. Cose los botones uno de cada lado a la misma altura del cuerpo. Abotona el sarape.
3. Utiliza el silicón para pegar los ojos y cose los orificios de la nariz con estambre negro.
4. Con estambre peludo color negro corta varias hebras de 8 cm y dóblalas por la mitad. Trabaja el área de la cabeza y la espalda en forma de línea. Con la ayuda del gancho puedes ir injertando las mechas, como si hicieras un mp; entra al punto agarra la mitad de la hebra y pasa por el punto, después desliza la otra mitad de la hebra sobre el punto de tu gancho y jala. Sigue este mismo proceso para colocar todo el pelo.

TejiendoMéxico

# Amigos

## El Perrito xolo

También conocido como "perro azteca", es originario de México y está muy ligado a su antigua civilización y cultura. No son muy agraciados debido a que casi no tienen pelo, pero para muchos es una raza extraordinaria y única.

## Material
- Medida de gancho: 3.5 mm.
- Colores de estambre: caramelo y chocolate.

## Tamaño
- Sin orejas 14 cm; con orejas 18 cm de alto.

## Material Extra
- Par de ojos cafés de 12 mm.
- Nariz en color negro de 12 mm.

Nivel de dificultad

## Cabeza
Usa estambre color chocolate.
1: Am. (6 pts)
2: * aum * rep. (12 pts)
3: * mp, aum * rep. (18 pts)
4: * 2 mp, aum * rep. (24 pts)
5: * 3 mp, aum * rep. (30 pts)
6-10: * mp * rep. (30 pts)
11: * 3 mp, dism * rep. (24 pts)
12: * mp * rep. (24 pts)
13: * 2 mp, dism * rep. (18 pts)
Rellena.
14: * mp, dism * rep. (12 pts)
Remata y deja una hebra larga para coser.

## Cuerpo
Usa estambre color chocolate.
1: Am. (6 pts)
2: * aum * rep. (12 pts)
3: * mp, aum * rep. (18 pts)
4: * 2 mp, aum * rep. (24 pts)
5-10: * mp * rep. (24 pts)
11: * 2 mp, dism * rep. (18 pts)
Rellena.
12: * mp, dism * rep. (12 pts)
Remata.

## Patas (2 piezas)
Usa estambre color caramelo.
1: Am. (5 pts)
2: * mp* rep. (5 pts)
Cambia estambre color chocolate.
3-6: * mp * rep. (5 pts)
Remata y deja una hebra larga para coser.

## Patas traseras (2 piezas)
Usa estambre color chocolate.
1: Am. (5 pts)
2: * aum * rep. (10 pts)
3-4: * mp * rep. (10 pts)
Remata, rellena y deja una hebra larga para coser.

## Orejas (2 piezas)
Usa estambre color chocolate.
1: Am. (5 pts)
2: * aum * rep. (10 pts)
3: * mp, aum * rep. (15 pts)
4: * 2 mp, aum * rep. (20 pts)
5: Cad, 4 mp, voltear.
6: Cad, 4 mp, voltear.
7: Cad, 2 dism, voltear.
8: Cad, 2 mp, voltear.
9: Cad, dism.
10: * mp * rep. en todo el contorno de la oreja, 3 mpj en la punta.
Remata.

## Hocico
Usa estambre color chocolate.
1: 5 cad.
2: Aum en la seg cad desde nuestro gancho, 2 mp, 4 mpj, 2 mp, aum, pd en el pp.
3-5: * mp * rep. (12 pts)
Rellena, remata y deja una hebra larga para coser.

## Pasos para armar
1. Une todas las partes del cuerpo, después cose las orejas y hocico usando aguja de caneva.
2. Corta varias tiras en color caramelo de 10 cm y colócalas con gancho dobladas a la mitad en forma de mechas en la parte superior de la cabeza entre oreja y oreja. Ve a la página 21, paso 4, para saber cómo hacerlo.
3. Utiliza el silicón para pegar los ojos y la nariz.

TejiendoMéxico

## Material
- Medida de gancho: 3.5 mm.
- Colores de estambre: beige, blanco y negro.

## Tamaño
- 12 cm de alto.

## Material Extra
- Par de ojos negros de 7 mm.
- Nariz café de 8 mm.
- Limpia pipas en color negro.
- Hilaza en color negro.

Nivel de dificultad

## Cabeza/Cuerpo
Usa estambre color negro.
1: Am. (6 pts)
2: * aum * rep. (12 pts)
3: * mp, aum * rep. (18 pts)
4: * 2 mp, aum * rep. (24 pts)
5-8: * mp * rep (24 pts)
9: * 2 mp, dism * rep. (18 pts)
10: * mp, dism * rep. (12 pts)
Rellena.
11: * dism * rep. (6 pts)
12: *mp, aum * rep. (9 pts)
13: * mp * rep. (9 pts)
14: * mp, aum * rep (13 pts)
15-17: * mp * rep. (13 pts)
Rellena.
18: * mp, dism * rep. (9 pts)
19: * dism * rep. (6 pts)
* Sigue disminuyendo si es necesario para que quede bien cerrado.
Remata.

## Brazos (2 piezas)
Usa estambre color negro.
1: Am. (4 pts)
2-7: * mp * rep. (4 pts)
Remata y deja una hebra larga para coser.

## Piernas (2 piezas)
Usa estambre color negro.
1: Am. (4 pts)
2-3: * mp * rep. (4 pts)
Remata y deja una hebra larga para coser.

## Cara
Usa estambre color blanco.
1: 6 cad.
2: Aum en la seg cad desde el gancho, 3 mp, 3 mpj.
3: Trabajar por el lado contrario, 4 mp, pd.
4: 5 mczj, salta un pt, mp, salta un pt, 5 mczj.
5: Mp a toda la pieza alrededor. Remate.

## Pasos para armar
1. Une todas las partes del cuerpo usando aguja de caneva.
2. Cose la cara a la cabeza, coloca los ojos y la nariz con silicón.
3. Con la hilaza cose las cejas y la boca.
4. Usa estambre beige para trabajar todo alrededor de la cara con mp formando lazadas y después corta las lazadas para que queden mechas.
5. Y, por último, inserta el limpia pipas por la parte de atrás para la cola haciendo una ¨S¨ enroscada, utiliza silicón para pegar.

## Cuerpo/Cabeza

Usa estambre color negro.
1: Am (5 pts)
2: * aum * rep. (10 pts)
3: * mp, aum * rep. (15 pts)
4: * 2 mp, aum * rep. (20 pts)
5: * mp * rep. (20 pts)
6: * 3 mp, aum * rep. (25 pts)
7-9: * mp * rep. (25 pts)
Cambia estambre color beige/carne
10-13: * mp * rep. (25 pts)
14: * 3 mp, dism * rep. (20 pts)
15: * 2 mp, dism * rep. (15 pts)
Rellena con arroz.
16: * mp, dism * rep. (10 pts)
17: * dism * rep. (5 pts)
*Si es necesario, sigue disminuyendo para que quede bien cerrado.
Remata.

## Sombrero

Usa estambre color negro.
1: Am. (6 pts)
2: * aum * rep. (12 pts)
3-4: * mp * rep. (12 pts)
5: * mpltp, aumltp * rep. (18 pts)
6: * 2 mp, aum * rep. (24 pts)
7: * 3 mp, aum * rep. (30 pts)
8: * 4 mp, aum * rep. (36 pts)
9: * 5 mp, aum * rep. (42 pts)
10: * mp * rep. (42 pts)
Remata.

## Piernas/Pies

Usa estambre color negro.
1: 3 cad.
2: mp en la seg. cad. desde el gancho, mp, voltear. (2 pts)
3-12: 1 cad, * mp * rep, voltear. (2 pts)
13: 3 cad, 2 mczdism. (estos puntos se trabajarán en el costado del tejido)
Remata.

## Manos

Usa estambre color beige.
1: 9 cad.
2: (pd, 2 cad, pd, 3 cad, pd) En la cuarta cad desde nuestro gancho.
3: 5 mp.
Remata y deja una hebra larga para coser.

## Bigote

Usa fieltro color negro.
Fotocopia y recorta el bigote como lo muestra la imagen.
6.5 x 1 cm.

## Moño

Usa fieltro color rojo.
Fotocopia y recorta el moño como lo muestra la imagen.

1 cm
6.5 cm
cuadrito que va encima del moño
3 cm

## Pasos para armar

1. Une todas las partes del cuerpo usando aguja de caneva.
2. Coloca los estoperoles alrededor de todo el sombrero.
3. Con silicón pega el sombrero a la cabeza y con listón plateado decora la parte de arriba con una tira de 10 cm.
4. A la altura de la cintura pega listón plateado de 20 cm y, justo en el centro, el moño rojo.
5. Para decorar los pantalones usa cuatro estoperoles para cada pierna y una tira de listón plateada de 8 cm.
6. Por último, pega los ojos y el bigote con silicón.

TejiendoMéxico

Muñecas

# La Muñeca otomí

## Material
- Medida de gancho: 3.5 mm y 3.75 mm.
- Colores de estambre: beige, morado, negro, rosa mexicano y verde limón.

## Tamaño
- 34 cm de alto.

## Material Extra
- 1 mt de listón de cada color: amarillo, rosa y verde limón.
- Par de ojos negros de 12 mm.
- Hilaza en color rojo.

Nivel de dificultad

Son hechas a mano por mujeres indígenas, generalmente de la etnia otomí. Representa a estas mujeres con su atuendo típico y su peinado de gala con listones de colores que simulan el arcoíris. Es una de las artesanías más populares en México.

## Cabeza
Usa estambre color beige.
1: Am. (6 pts)
2: * aum * rep. (12 pts)
3: * mp, aum * rep. (18 pts)
4: * 2 mp, aum * rep. (24 pts)
5: * 3 mp, aum * rep. (30 pts)
6: * 4 mp, aum * rep. (36 pts)
7: * 5 mp, aum * rep. (42 pts)
8: * 6 mp, aum * rep. (48 pts)
9: * 7 mp, aum * rep. (54 pts)
10-18: * mp * rep. (54 pts)
19: * 7 mp, dism * rep. (48 pts)
20: * 6 mp, dism * rep. (42 pts)
21: * 5 mp, dism * rep. (36 pts)
22: * 4 mp, dism * rep. (30 pts)
23: * 3 mp, dism * rep. (24 pts)
24: * mp * rep. (24 pts)
25: * 2 mp, dism * rep. (18 pts)
Rellena.
26-28: * mp * rep. (18 pts)
Remata.

Muñecas

TejiendoMéxico

## Cuerpo

Usa estambre color beige.
1: 16 cad, aum en la seg cad desde el gancho, 13 mp, 5 mpj, 13 mp, 3 mpj, pd en el ppi. (36 pts)
2: Cad, aum, 13 mp, *aum, mp* rep 2 veces, aum, 13 mp, *aum, mp* rep 2 veces y unir con pd en el pp. (42 pts)
3: Cad, aum, 13 mp, *aum, mp* rep 4 veces, aum, 13 mp, *aum, mp* rep 3 veces y unir con pd en el pp. (51 pts)
4-8: * mp * rep. (51 pts)
9: 18 mp, *dism* rep 4 veces, 17 mp, *dism* rep 4 veces. (43 pts)
10: * mp * rep. (43 pts)
11: Dism, 15 mp, 3 dism, 16 mp, 2 dism. (37 pts)
12-13: * mp * rep. (37 pts)
14: Dism, 14 mp, 2 dism, 15 mp, dism. (33 pts)
15: * mp * rep (33 pts)
16: *dism, 4 mp* rep 5 veces, dism, mp. (27 pts)
17: * mp * rep. (27 pts)
18: *dism, 3 mp* rep 5 veces, mp. (21 pts)
19: * mp * rep. (21 pts)
Rellena.
20: *dism, 2 mp* rep 4 veces, dism, 3 mp. (16 pts)
21: *mp* rep. (16 pts)
Remata y deja una hebra larga para coser.

## Manos (2 piezas)

Usa estambre color beige.
1: Am. (5 pts)
2: *aum* rep. (10 pts)
3-30: *mp* rep. (10 pts)
Remata, rellena y deja una hebra larga para coser.

## Piernas (2 piezas)

Usa estambre color beige.
1: Am. (6 pts)
2: *aum* rep. (12 pts)
3: *mp* rep. (12 pts)
4: *aum, mp* rep. (18 pts)
5-20: *mp* rep. (18 pts)
Remata, rellena y deja una hebra larga para coser.

## Cabello/Peluca

Usa estambre color negro.
1: Am. (6 pts)
2: *aum* rep. (12 pts)
3: *mp, aum* rep. (18 pts)
4: *2 mp, aum* rep. (24 pts)
5: *3 mp, aum* rep. (30 pts)
6: *4 mp, aum* rep. (36 pts)
7: *5 mp, aum* rep. (42 pts)
8: *6 mp, aum* rep. (48 pts)
9-17: *mp* rep. (48 pts)

Lee con atención para que quede bien peinadita

## Pasos para el cabello/peluca

1. Corta varias tiras de estambre negro de 90 cm.
2. Dobla a la mitad para poder colocarlas con el gancho en forma de mecha, con la ayuda del gancho puedes ir injertando las mechas, como si hicieras un mp; entra al punto, agarra la mitad de la hebra y pasa por el punto, después desliza la otra mitad de la hebra sobre el punto de tu gancho y jala. Sigue este mismo proceso para colocar todo el cabello. Coloca por toda la orilla de la peluca y después por la mitad para hacerle el apartado en doble fila.
3. Pon la peluca sobre la cabeza y con aguja de caneva cose con puntadas grandes alrededor de la misma.
4. Peina con trenzas, una de cada lado.
5. Con los listones de colores, deja 12 cm y haz un nudo, comienza a hacer una trenza de 15 cm dejando lazadas sobre la trenza, otro nudo y vuelve a dejar 12 cm, después pega la trenza con silicón en la parte de arriba de la cabeza.

## Vestido

Utiliza el gancho 3.75 mm
Usa estambre color rosa, verde y morado
* Cambia los colores en el tejido como se te vayan presentando.
1: 24 cad rosa.
2: Cad, entre en la seg cad desde el gancho, mp en todos los p. (24 pts)
3: Cad, * 3 mp rosa, mp verde * rep 5 veces.
4: Cad verde, 2 mp verde, mp rosa, *3 mp verde, mp rosa)* rep 4 veces, mp verde.
5: Cad rosa, * 3 mp rosa, mp verde * rep 5 veces.
6: Cad rosa, * 3 mp rosa, aum * rep 5 veces. (30 pts)
7: Cad rosa, * mp * rep.
8: Cad verde, * 2 mp verde, aum rosa * rep 9 veces.
9: Cad rosa, * mp, aum * rep 18 veces, mp. (58 pts)
10: Cad rosa, * mp * rep.
11-12: Cad verde, * mp * rep.
13-14: Cad morado * mp * rep. (58 pts)
15: Cad rosa, * mp * rep.
16: Cad verde, * mp * rep.
17: Cad morado, * mp * rep.
18: * 4 cad rosa, salte 2 p, mp * rep 18 veces.
19: Trabaja sobre las cad, * 6 mp rosa en el espacio de 4 cad * rep 18 veces.
20: 5 cad verde salte 3 p, * 5 cad verde, salte 5 p, mp * rep 18 veces, 5 cad salte 3 p, mp.
21: * 7 mp en el espacio de las 5 cad * rep 19 veces.
Remata verde.
Pon el vestido y por la parte trasera cóselo para unir y ajústalo a la medida.

## Tirantes (2 piezas)

Usa estambre color morado
1: 9 cad.
2: Mp en el seg cad desde el gancho, * mp * rep 7 veces. Remata.

*Para hacer la nariz, cose de la A a la B, B a la A, repite este paso hasta que quede completa.*

B
A A A A A A A

A          H
 B C    F G
   D E

*Y para la boquita haz puntadas en forma de "V", de la A a la B, B a la C, C a la D, D a la E, E a la F, F a la G, G a la H.*

## Pasos para armar

1. Une todas las partes del cuerpo usando aguja de caneva.
2. Coloca el vestido sobre su cuerpo y cose los tirantes.
3. Utiliza silicón para pegar los ojos.
4. Cose la nariz y la boca con hilaza roja.

TejiendoMéxico

Muñecas

## La Catrina

En su versión original, fue creada por el caricaturista José Guadalupe Posada como un personaje que se llamó "La calavera Garbancera" y rebautizada más tarde por Diego Rivera como "La Catrina". Es un personaje que se hace especialmente presente entre los mexicanos alrededor del Día de Muertos.
Aunada a la tradición de La Catrina, hay otra que se llama "calaveras literarias", que consiste en escribir rimas sencillas e ingeniosas, en son de broma, sobre personas, generalmente importantes, que aún viven, sobre la forma en que la calaca se las llevará a la tumba.

Sofia Valdez

## Material
- Medida de gancho: 3.5 mm.
- Colores de estambre: amarillo, azul, blanco, café, cereza y morado.

## Tamaño
- 35 cm de alto.

## Material Extra
- Tira de pompones de 48 cm en color rosa.
- Fieltro en color negro.
- 10 lentejuelas amarillas.
- Hilo en color negro.
- Listón de encaje en color celeste.
- Pegamento con diamantina de color verde.

*Nivel de dificultad*

## Cabeza
Usa estambre color blanco.
1: Am. (6 pts)
2: * aum * rep. (12 pts)
3: * mp, aum * rep. (18 pts)
4: * 2 mp, aum * rep. (24 pts)
5: * 3 mp, aum * rep. (30 pts)
6: * 4 mp, aum * rep. (36 pts)
7: * 5 mp, aum * rep. (42 pts)
8: * 6 mp, aum * rep. (48 pts)
9: * 7 mp, aum * rep. (54 pts)
10-17: * mp * rep. (54 pts)
18: * 7 mp, dism * rep. (48 pts)
19: * mp * rep. (48 pts)
20: * 6 mp, dism * rep. (42 pts)
21: * 5 mp, dism * rep. (36 pts)
22: * mp * rep. (36 pts)
23: * 4 mp, dism * rep. (30 pts)
24: * 3 mp, dism * rep. (24 pts)
25: * 2 mp, dism * rep. (18 pts)
26: * mp, dism * rep. (12 pts)
Rellena, remata y deja una hebra larga para coser.

*Muñecas*

*TejiendoMéxico*

## Cuerpo
Usa estambre color blanco.
1: Am. (6 pts)
2: * aum * rep. (12 pts)
3: * mp, aum * rep. (18 pts)
4: * 2 mp, aum * rep. (24 pts)
5-7: * mp * rep. (24 pts)
8: * 2 mp, dism * rep. (18 pts)
9-11: * mp * rep. (18 pts)
Cambia estambre color morado.
12-20: * mpltp * rep. (18 pts)
Rellena.
21: * mp, dism * rep. (12 pts)
Remata.

## Brazos (2 piezas)
Usa estambre color blanco.
1: Am. (4 pts)
2: * aum * rep. (8 pts)
3-4: * mp * rep. (8 pts)
Cambia estambre color morado.
5-18: * mp * rep. (8 pts)
Rellena, remata y deja una hebra larga para coser.

## Piernas (2 piezas)
Usa estambre color blanco.
1: Am. (5 pts)
2: * aum * rep. (10 pts)
3-17: * mp * rep. (10 pts)
Rellena, remata y deja una hebra larga para coser.

## Vestido
Trabaja en la vuelta 12 del cuerpo, poner la muñeca de arriba a abajo para empezar la falda.
Usa estambre color cereza.
1: * mp * rep. (18 pts)
2: * mp, aum * rep. (27 pts)
3-4: * mp * rep. (27 pts)
5: * 2 mp, aum * rep. (36 pts)
6-12: * mp * rep. (36 pts)
13: * 3 mp, aum * rep. (45 pts)
14-19: * mp * rep. (45 pts)

## Sombrero
Usa estambre color café.
1: Am. (6 pts)
2: * aum * rep. (12 pts)
3: * mp, aum * rep. (18 pts)
4: * 2 mp, aum * rep. (24 pts)
5: * 3 mp, aum * rep. (30 pts)
6: * 4 mp, aum * rep. (36 pts)
7: * 5 mp, aum * rep. (42 pts)
8: * 6 mp, aum * rep. (48 pts)
9: * 7 mp, aum * rep. (54 pts)
10: * 8 mp, aum * rep. (60 pts)
11: * 9 mp, aum * rep. (66 pts)
12: * 10 mp, aum * rep. (72 pts)
13-14: * mp * rep. (72 pts)
15: * mp, dism * rep. (66 pts)
16-20: * mp * rep. (66 pts)

## Plumas (2 piezas)

Usa estambre color amarillo/azul.
1: 18 cad.
2: Pd en la seg cad desde el gancho, mp, mmcz, mcz, 2 cad, pd, 2 cad, 2 mcz, 2 cad, pd, 2 cad, 4 mcz, 2 cad, pd, 2 cad, 6 mcz, 2 cad, pd.
Trabaja del lado contrario.
3: 2 cad, 6 mcz, 2 cad, mcz en el mismo p del último mcz, 3 mmcz, 2 cad, pd en el mismo p del último mmcz, 2 cad, 3 mmcz, cad, pd, 5 mmcz.
Remata.

## Flor

Usa estambre color morado.
1: Am. (6 pts)
2: * aum * rep. (12 pts)
3: * pd, 2 cad, mcz, mcz, 2 cad * rep 5 veces, pd.
Remata.

Mira cómo se ve el sombrero por la parte de atrás

## Pasos para armar

1. Une todas las partes del cuerpo usando aguja de caneva.
2. Coloca el sombrero en la cabeza, puede ser con silicón o cosido con el estambre café.
3. Pega el cordón de pompones por la orilla del sombrero por la parte de adentro y el listón de encaje celeste en puños, cintura y final de falda.
4. Con el fieltro negro, haz dos círculos grandes para los ojos y un corazón para la nariz que se pegará de arriba abajo, utiliza el silicón para pegar.
5. Dibuja varios puntos en círculo sobre los ojos con el pegamento de diamantina verde y después pega las lentejuelas arriba, dejando puntos sin lentejuela.
6. Para la boca pega con estambre negro una tira larga formando una sonrisa y después con hilo negro da varias puntadas verticalmente sobre la línea de la sonrisa.
7. Aplica la sombra rosa sobre la mejillas para las chapitas.
8. Y, por último, adorna el sombrero con plumas y flores.

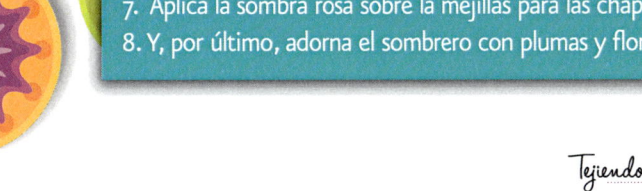

33

Muñecas

TejiendoMéxico

## Material

- Medida de gancho: 3.5 mm.
- Colores de estambre: amarillo, celeste, rosa claro y verde claro.

## Tamaño

- 6 cm y con palillo 10 cm de alto.

## Material Extra

- 4 pares de ojos negros de 4 mm.
- Hilo en color negro y blanco.
- Sombra de ojos rosa (maquillaje).
- 4 palillos de cocina.
- Bolsa de celofán chica de 8 x 10 cm.

Nivel de dificultad

## Algodón

Usa estambre color amarillo/celeste/rosa claro/verde claro (un color para cada dulce)

1: Am. (6 pts)
2: * aum * rep. (12 pts)
3: * mp * rep. (12 pts)
4: * mp, aum * rep. (18 pts)
5-9: * mp * rep. (18 pts)
10: * mp, dism * rep. (12 pts)
11: * mp * rep. (12 pts)
Rellena.
12: * dism * rep. (6 pts)
* Sigue disminuyendo si es necesario para que quede bien cerrado.
Remata.

## Pasos para armar

1. Ya que tengas hecho el algodón de azúcar, inserta el palillo por la parte donde terminaste con el tejido y pega con silicón.
2. Continúa pegando los ojos, después con la sombra de color rosa dibuja unas chapitas; cose con el hilo negro la boca en forma de ¨V¨.
3. Embolsa el dulce y con un hilo blanco cierra la bolsa con un nudo y laza un moño.

TejiendoMéxico

# Fiesta

## La Piñata

La piñata es un contenedor comúnmente hecho de papel maché o barro. Es decorado con papel de colores y lleno de dulces; se rompe con un palo como parte de una ceremonia o celebración típicamente mexicana. En la época colonial, los misioneros la utilizaban para catequizar a los indios, dándole la forma de una bola con siete picos que representaban los siete pecados capitales; los colores llamativos representan la tentación y los dulces son las gracias del cielo que se derraman al vencer al pecado.

Sofía Valdez

## Material

- Medida de gancho: 3.5 mm.
- Colores de estambre: azul, amarillo, blanco, naranja, morado, rosa y verde limón.

## Tamaño

- 23 cm de alto.

## Material Extra

- 7 listones de diferentes colores de 5 mm y un listón de 10 mm de ancho.

Nivel de dificultad

## Bola

Usa estambre color blanco.
1: Am. (6 pts)
2: * aum * rep. (12 pts)
3: * mp, aum * rep. (18 pts)
4: * 2 mp, aum * rep. (24 pts)
5: * 3 mp, aum * rep. (30 pts)
6: * 4 mp, aum * rep. (36 pts)
7: * 5 mp, aum * rep. (42 pts)
8-15: * mp * rep. (42 pts)
16: * 6 mp, dism * rep. (42 pts)
17: * 5 mp, dism * rep. (36 pts)
18: * 4 mp, dism * rep. (30 pts)
19: * 3 mp, dism * rep. (24 pts)
20: * 2 mp, dism * rep. (18 pts)
21: * mp, dism * rep. (12 pts)
22: * dism * rep. (6 pts)
23: * dism * rep. (3 pts)

## Picos (7 piezas)

Usa en cada pico diferente color: amarillo, azul, naranja, morado, rosa y verde limón.
1: Am. (4 pts)
2: * aum * rep. (8 pts)
3: * mp * rep. (8 pts)
4: * mp, aum * rep. (12 pts)
5-6: * mp * rep. (12 pts)
7: * 2 mp, aum * rep. (16 pts)
8-9: * mp * rep. (16 pts)
10: * 3 mp, aum * rep. (20 pts)
11: * mp * rep. (20 pts)
Rellena, remata y deja una hebra larga para coser.

## Pasos para armar

1. Cose los cinco picos alrededor de la bola a la misma altura con separación de cada uno por igual, pon un pico arriba y otro abajo, no importa el acomodo de los colores.
2. En seis puntas de los picos cose varias tiras de listón de diferentes colores de 20 cm de largo doblados por la mitad y el pico de arriba llevará el listón más grueso, del mismo largo que las otras tiras.

TejiendoMéxico

# Fiesta

## Las Maracas

Sofia Valdez

Instrumentos musicales que pueden acompañar cualquier canción de estilo latino. Son fabricadas de madera, huecas y por dentro tienen pequeñas piedras, arroz o cualquier cosa que pueda hacer que suenen para llevar el ritmo.

## Material
- Medida de gancho: 3.5 mm.
- Colores de estambre: Blanco, café, rojo y verde.

## Tamaño
- 15 cm de alto.

## Material Extra
- 1 palito de madera de 32 cm de largo y 8 mm de ancho (se consigue en mercerías)

Nivel de dificultad

## Maracas (2 piezas)
Usa estambre color café.
1: Am. (6 pts)
2: * aum * rep. (12 pts)
3: * mp, aum * rep. (18 pts)
4: * 2 mp, aum * rep. (24 pts)
5-6: * mp * rep. (24 pts)
Cambia estambre color verde.
7-8: * mp * rep. (24 pts)
Cambia estambre color blanco.
9-10: * mp * rep. (24 pts)
Cambia estambre color rojo.
11-12: * mp * rep. (24 pts)
Cambia estambre color café.
13: * mp * rep. (24 pts)
14: * 2 mp, dism * rep. (18 pts)
Rellena.
15: * mp, dism * rep. (12 pts)
16: * dism * rep. (6 pts)
17-26: * mp * rep. (6 pts)
Coloca el palo de madera.
Si es necesario, sigue disminuyendo para que quede bien cerrado.
Remata.

## Pasos para armar
1. Parte el palo de madera por la mitad y colócalo dentro de la maraca antes de rematar los últimos puntos.

TejiendoMéxico

## Fiesta

# El Rehilete

40

El rehilete se puede considerar indistintamente como juguete o como adorno. Tiene un movimiento giratorio realizado por el viento al mover sus aspas; éstas pueden estar hechas de cartoncillo, plástico o papel.

Sofia Valdez

## Material
- Medida de gancho: 3.5 mm.
- Colores de estambre: cualquier color que te guste.

## Tamaño
- 19 cm sin palito y con palito 40 cm de alto.

## Material Extra
- Palitos de madera de 32 cm de largo y 8 mm de ancho (se consiguen en mercerías)

*Nivel de dificultad*

*Fíjate bien en el esquema*

## Aspas (4 piezas)
Usa estambre del color que elegiste.
1: 15 cad.
2: Entra en la seg cad desde el gancho, haz mp hasta el final.
3: 1 cad, dism, mp hasta los 2 últimos puntos, dism.
4: 1 cad, mp hasta el final.
5: 1 cad, dism, mp hasta los 2 últimos puntos, dism.
6: 1 cad, mp hasta el final.
7: 1 cad, dism, mp hasta los 2 últimos puntos, dism.
8: 1 cad, mp hasta el final.
9: 1 cad, dism, mp hasta los 2 últimos puntos, dism.
10: 1 cad, mp hasta el final.
11: 1 cad, dism, mp hasta los 2 últimos puntos, dism.
12: 1 cad, 4 mp.
13: 1 cad, 2 dism.
14: 1 cad, 2 mp.
15: 1 cad, dism.
16: Haz mp todo alrededor del triángulo. En las esquinas haz 3 mp para poder dar la vuelta.

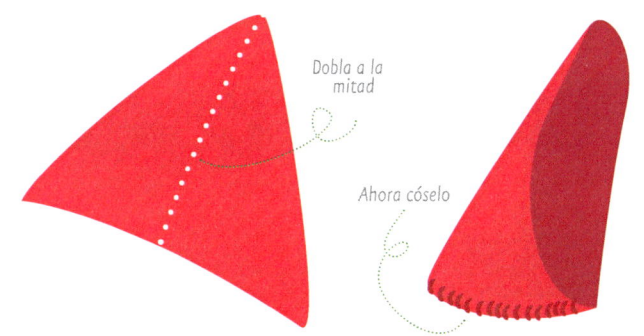

*Dobla a la mitad*

*Ahora cóselo*

## Pasos para armar
1. Dobla el triángulo y cóselo de un lado.
2. Pega las cuatro aspas para formar el molino, por la parte de atrás pega el palito de madera.

*fiesta*

TejiendoMéxico

Religión

# El Sagrado corazón

Sofia Valdez

## Material
- Medida de gancho: 3.5 mm.
- Colores de estambre: amarillo, naranja, y rojo.

## Tamaño
- 18 cm de alto.

## Material Extra
- 23-26 milagritos.*

*Milagritos: son dijes para hacer peticiones y rezar para que se vuelvan milagros.

Nivel de dificultad 🌶🌶🌶

Representan el corazón de Jesucristo, símbolo de amor y entrega a los hombres. Las pequeñas medallas que tiene, comúnmente llamadas "milagritos", representan los favores obtenidos, casi siempre relacionados con la salud de las personas. Se hacen de diferentes formas y tamaños.

## Círculo (2 piezas)
Usa estambre color rojo.
1: Am. (5 pts)
2: * aum * rep. (10 pts)
3: * mp, aum * rep. (15 pts)
4: * 2 mp, aum * rep. (20 pts)
5: * 3 mp, aum * rep. (25 pts)
6-7: * mp * rep. (25 pts)
Remata.

En la seg pieza no remates para poder unirla con el otro círculo y trabajar con mp el ¨cuerpo¨ del corazón.

8: 21 mp, saltar 4 p y unir el seg círculo, continuar tejiendo en el otro círculo 21 mp, saltar 4 p y unir en el primer p con un mp. (42 pts)
9-10: * mp * rep. (42 pts)
11: * 5 mp, dism * rep. (36 pts)
12: * 4 mp, dism * rep. (30 pts)
13: * mp * rep. (30 pts)
14: * 3 mp, dism * rep. (24 pts)
Rellena.
15: * mp * rep. (24 pts)
16: * 2 mp, dism * rep. (18 pts)
17: * mp * rep. (18 pts)
18: * mp, dism * rep. (12 pts)
19: * mp * rep. (12 pts)
20: * dism * rep. (6 pts)
21: * dism * rep. (3 pts)
Remata.
Cose la separación de los dos círculos. Antes de cerrar, si es necesario, se puede poner más relleno.

## Flama uno
Usa estambre color amarillo.
1: 5 cad, pd en la primer cad, 3 cad, 5 mcz (dentro del círculo de cad), 3 cad, voltear.
2: * 2 mczdism * rep 2 veces, mcz, 3 cad, voltear.
3: 2 mczdism, mcz, 3 cad, voltear.
4: 2 mczdism, cad, voltear.
5: Dism, cad, voltear.
6: Mp.
Remata.
Trabaja en los costados de la flama.
Primero del lado derecho y luego del izquierdo.
1: Cad, 4 mp, voltear.
2: Cad, * dism * 2 veces, voltear.
3: Cad, * mp * 2 veces, voltear.
4: Cad, dism, voltear.
5: Cad, mp.
Remata.

## Flama dos
Usa estambre color naranja.
1-3: * 5 cad, mp en la seg cad desde el gancho, 3 mp * rep 3 veces.
4: Pd en la primera cad.

## Pasos para armar
1. Pega con silicón los milagritos en la parte del corazón.
2. Cose la flama naranja sobre la amarilla, después sigue cosiendo la flama amarilla en la parte superior del corazón.

TejiendoMéxico

*Religión*

# La Virgen de Guadalupe

Sofía Valdez

## Material
- Medida de gancho: 3.5 mm.
- Colores de estambre: amarillo, beige, rojo y verde.

## Tamaño
- 20 cm de alto.

## Material Extra
- Fieltro color café claro de 14 x 6 cm.
- Aguja para coser hilaza.
- Hilaza de color negro y rojo.
- Sombra de maquillaje color rosa.

*Nivel de dificultad*

¡Empecemos! Toma el estambre beige

## Cabeza
Usa estambre color beige.
1: Am (6 pts)
2: * aum * rep. (12 pts)
3: * mp, aum * rep. (18 pts)
4: * 2 mp, aum * rep. (24 pts)
5: * 3 mp, aum * rep. (30 pts)
6: * 4 mp, aum * rep. (36 pts)
7: * 5 mp, aum * rep. (42 pts)
8-14: * mp * rep. (42 pts)
15: * 5 mp, dism * rep. (36 pts)
16: * 4 mp, dism * rep. (30 pts)
17: * 3 mp, dism * rep. (24 pts)
18: * 2 mp, dism * rep. (18 pts)
Cambia el estambre color rojo.

## Empieza vestido
19-20: * mp * rep. (18 pts)
21: * mp, aum * rep. (27 pts)
22: * mp * rep. (27 pts)
23: * 2 mp, aum * rep. (36 pts)
24-25: * mp * rep. (36 pts)
26: * 3 mp, aum * rep. (45 pts)
27-32: * mp * rep. (45 pts)
Rellena y remata.

## Tapa del vestido
Usa estambre color rojo.
1: Am. (6 pts)
2: * aum * rep. (12 pts)
3: * mp, aum. * rep. (18 pts)
4: * 2 mp, aum. * rep. (24 pts)
5: * 3 mp, aum. * rep. (30 pts)
6: * 4 mp, aum. * rep. (36 pts)
7: * 5 mp, aum. * rep. (42 pts)
8: * 6 mp, aum. * rep. (48 pts)
9: * 7 mp, aum. * rep. (54 pts)
Coloca la tapa por debajo del vestido y une toda la vuelta con mp.

---

La virgen de Guadalupe se venera con mucha devoción en México, su fiesta es el 12 de diciembre. Ella se apareció, en 1531, en el cerro del Tepeyac a un indio llamado Juan Diego pidiendo que ahí se construyera un templo. El obispo de aquel tiempo pidió una señal para comprobar que era cierto y ella, después de pedir al indio que recogiera unas rosas en la cima del cerro, estampó milagrosamente su imagen en el ayate del indio.

*Religión*

TejiendoMéxico

## Capa
Usa estambre color verde.
1: Am. (6 pts)
2: * aum * rep. (12 pts)
3: * mp, aum * rep. (18 pts)
4: * 2 mp, aum * rep. (24 pts)
5: * 3 mp, aum * rep. (30 pts)
6: * 4 mp, aum * rep. (36 pts)
7: * 5 mp, aum * rep. (42 pts)
8-14: * mp * rep. (42 pts)
15: * 3 mp, aum * rep 3 veces, 3 mp, 1 cad, voltear.
16-22: 18 mp, 1 cad, voltear.
23: * 2 mp, aum * rep 6 veces, 1 cad.
24-25: 24 mp, 1 cad.
26: * 2 mp, aum * rep 8 veces, 1 cad.
27-29: 32 mp, 1 cad.
Trabaja toda la orilla de la capa con mp y la siguiente vuelta * salta 2 p, 5 mczj, salta 2 p, mp * repite toda la vuelta.

## Mangas
Usa estambre color rojo.
1: 5 cad, mp en la seg cad desde el gancho, mp en todos los sig p, 1 cad, voltear.
2-6: mp, 1 cad y voltear.

## Manos
Usa estambre color beige.
1: Am. (5 pts)
2: * aum * rep. (10 pts)

12 cm

47

*Religión*

Cose los ojitos y la boca como se ve aquí

## Pasos para armar

1. Pon la capa sobre la cabeza y comienza a dar varias puntadas alrededor de ella junto con el cuerpo para que quede cosida a la muñeca.
2. Después, cose con estambre amarillo y aguja de caneva varias estrellas sobre su capa.
3. Cose las mangas y manos.
4. Utiliza hilaza color negro y cose los ojos, haz una media luna y luego varias líneas verticales para aparentar las pestañas. Con hilaza color rojo forma la boca en ¨V¨.
5. Pega con silicón la pieza de fieltro color café (cabello) en la parte de la frente.
6. Por último, maquilla las mejillas con la sombra rosa.

TejiendoMéxico

Juguetes

# El Trompo

Juguete tradicional mexicano, hecho de madera con una punta de metal en la base sobre la cual debe girar. Una cuerda de algodón se enrolla alrededor del trompo, se tira de la cuerda y, entonces, el trompo cae sobre la punta de metal girando vertiginosamente. Si no tienes éxito, tendrás que seguir practicando.

Sofia Valdez

## Material
- Medida de gancho: 3.5 mm.
- Colores de estambre: azul, beige, morado, naranja, rojo, verde y verde limón.

## Tamaño
- 32 cm de alto.

## Material Extra
- Cuerda de 4 mts.

Nivel de dificultad

## Inicio del trompo
Usa estambre color verde limón.
1: Am. (4 pts)
2: * mp * rep. (4 pts)
3: * aum * rep. (8 pts)
4: * mp, aum * rep. (12 pts)
5: * 2 mp, aum * rep. (16 pts)
6: * 3 mp, aum * rep. (20 pts)
7: * 4 mp, aum * rep. (24 pts)
8: * 5 mp, aum * rep. (28 pts)
9-10: * mp * rep. (28 pts)
11: * 6 mp, aum * rep. (32 pts)
12-13: * mp * rep. (32 pts)
14: * 7 mp, aum * rep. (36 pts)
15: * mp * rep. (36 pts)
16: * 8 mp, aum * rep. (40 pts)
Cambia color azul.
17: * mp * rep. (40 pts)
18: * 9 mp, aum * rep. (44 pts)
19: * mp * rep. (44 pts)
20: * 10 mp, aum * rep. (48 pts)
21: * mp * rep. (48 pts)
Cambia color naranja.
22: * 11 mp, aum * rep. (52 pts)
23: * mp * rep. (52 pts)
Cambia color verde.
24: * 12 mp, aum * rep. (56 pts)
25: * mp * rep. (56 pts)
26: * 13 mp, aum * rep. (60 pts)
27: * mp * rep. (60 pts)
28: * 14 mp, aum * rep. (64 pts)
29: * mp * rep. (64 pts)
30: * 15 mp, aum * rep. (68 pts)
31: * mp * rep. (68 pts)
Cambia color naranja.
32: * 16 mp, aum * rep. (72 pts)
33: * 17 mp, aum * rep. (76 pts)
34: * 18 mp, aum * rep. (80 pts)
Cambia color morado.
35: * 19 mp, aum * rep. (84 pts)
36: * 20 mp, aum * rep. (88 pts)
37: * 21 mp, aum * rep. (92 pts)
Cambia color rojo.
38: * 22 mp, aum * rep. (96 pts)
39: * 23 mp, aum * rep. (100 pts)
40: * 24 mp, aum * rep. (104 pts)
41: * 25 mp, aum * rep. (108 pts)
42-45: * mp * rep. (108 pts)
46: * 12 mp, dism * rep 7 veces, 8 mp, dism. (100 pts)
47: * 11 mp, dism * rep 7 veces, 7 mp, dism. (92 pts)
48: * 10 mp, dism * rep 7 veces, 6 mp, dism. (84 pts)
49: * 9 mp, dism * rep 7 veces, 5 mp, dism. (75 pts)
50: * 8 mp, dism * rep 7 veces, 4 mp, dism. (67 pts)
Cambia color azul.
51: * 7 mp, dism * rep 7 veces, 3 mp, dism. (59 pts)
52: * 6 mp, dism * rep 7 veces, 2 mp, dism. (51 pts)
53: * 5 mp, dism * rep 7 veces, mp, dism. (44 pts)
54: * 4 mp, dism * rep 7 veces, 3 mp. (37 pts)
Rellena y remata.

## Tapa
Usa estambre color beige.
1: Am. (6 pts)
2: * aum * rep. (12 pts)
3: * mp, aum * rep. (18 pts)
4: * 2 mp, aum * rep. (24 pts)
5: * 3 mp, aum * rep. (30 pts)
6: * 4 mp, aum * rep. (36 pts)
7: * 5 mp, aum * rep. (42 pts)
8: * 6 mp, aum * rep. (48 pts)
9: * 7 mp, aum * rep. (54 pts)
10: * 8 mp, aum * rep. (60 pts)
11: * 9 mp, aum * rep. (66 pts)
12: (mpltp)* rep. (66 pts)
13-15: (Mp)* rep. (66 pts)
Rellena.
Con pd une la tapa con el cuerpo del trompo.
Remata.

## Pasos para armar
1. Coloca la cuerda alrededor de la tapa con un nudo y la que sobra enróllala sobre el trompo.

Juguetes

TejiendoMéxico

# Juguetes

## La Matatena

50

La palabra "matatena" es de origen náhuatl. Es un juego que requiere de cierta habilidad, aunque no es complicado. Para jugarlo se tiran las piezas, se rebota la pelota y mientras está en el aire, se recogen rápidamente el número de piezas que toquen en el turno.

Sofia Valdez

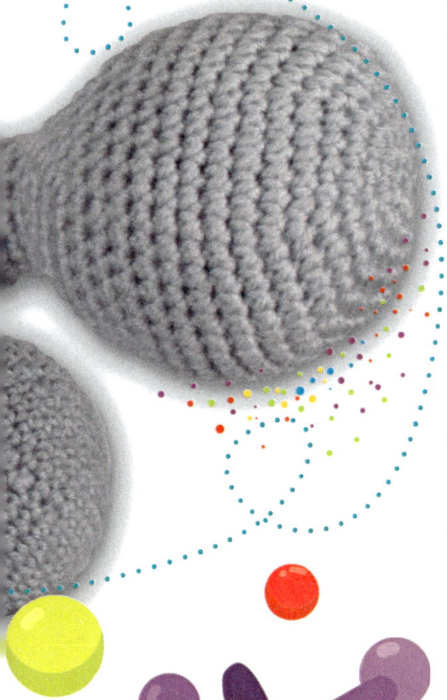

## Material
- Medida de gancho: 3.5 mm.
- Colores de estambre: celeste y morado.

## Tamaño
- 32 cm de largo.

## Material Extra
- 3 palitos de madera de 32 cm de largo y 8 mm de ancho (se consiguen en mercerías)

Nivel de dificultad

## Brazos (4 piezas)
Usa estambre color celeste o morado.
1: Am. (6 pts)
2: * aum * rep. (12 pts)
3: * mp, aum * rep. (18 pts)
4: * 2 mp, aum * rep. (24 pts)
5: * 3 mp, aum * rep. (30 pts)
6: * 4 mp, aum * rep. (36 pts)
7: * 5 mp, aum * rep. (42 pts)
8-13: * mp * rep. (42 pts)
14: * 5 mp, dism * rep. (36 pts)
15: * mp * rep. (36 pts)
16: * 4 mp, dism * rep. (30 pts)
17: * 3 mp, dism * rep. (24 pts)
18: * 2 mp, dism * rep. (18 pts)
19: * mp, dism * rep. (12 pts)
20-22: * mp * rep. (12 pts)
23: * mp, aum * rep. (18 pts)
24-33: * mp * rep. (18 pts)
Rellena y remata.

## Tubo
Usa estambre color celeste o morado.
1: Am. (5 pts)
2: * aum * rep. (10 pts)
3: * mp * rep. (10 pts)
4: * mp, aum * rep. (15 pts)
5: * mp * rep. (15 pts)
6: * 2 mp, aum * rep. (20 pts)
7: * mp * rep. (20 pts)
8: * 3 mp, aum * rep. (25 pts)
9-48: * mp * rep. (25 pts)
49: * 3 mp, dism * rep. (20 pts)
50: * mp * rep. (20 pts)
51: * 2 mp, dism * rep. (15 pts)
Rellena.
52: * mp * rep. (15 pts)
53: * mp, dism * rep. (10 pts)
54: * dism * rep. (5 pts)
* Si es necesario, sigue disminuyendo para que quede bien cerrado.
Remata.

## Pasos para armar
1. Cose con aguja de caneva todos los brazos a la mitad del tubo con separación por igual.
2. Usa un palito de madera para entrar por el tejido de uno de los brazos atravesando el otro. Repite lo mismo con otro palito de madera pero con los otros dos brazos. Los palos quedarán acomodados como una ¨X¨.
3. El tercer palito de madera colócalo en el tubo atravesando el tejido completamente.

TejiendoMéxico

**Tradición**

# El Luchador

Si quieres conocer a uno de estos personajes, tendrás que ir a una arena. La lucha libre se considera un deporte-espectáculo y es muy popular en México, aunque no tanto como el futbol. Lo practican dos personas, las cuales se retan entre sí, apostando su máscara (algo muy emblemático de este deporte) o su cabellera. No te pierdas la oportunidad de ver a los luchadores en acción, es diversión segura y un gran folclor en el país.

## Material
- Medida de gancho: 3.5 mm.
- Colores de estambre: beige, azul rey y rojo cereza.

## Tamaño
- 22 cm de alto.

## Material Extra
- 2 estrellas de foamy.
- Par de ojos negros de 8 mm.
- Hilo en color negro.

Nivel de dificultad

## Cabeza
Usa estambre color azul rey.
1: Am. (6 pts)
2: * aum * rep. (12 pts)
3: * mp, aum * rep. (18 pts)
4: * 2 mp, aum * rep. (24 pts)
5: * 3 mp, aum * rep. (30 pts)
6: * 4 mp, aum * rep. (36 pts)
7: * 5 mp, aum * rep. (42 pts)
8-14: * mp * rep. (42 pts)
15: * 5 mp, dism * rep. (36 pts)
22: * 4 mp, dism * rep. (30 pts)
23: * mp * rep. (30 pts)
24: * 3 mp, dism * rep. (24 pts)

25: * 2 mp, dism * rep. (18 pts)
Rellena.
26: * mp, dism * rep. (12 pts)
27: * dism * rep. (6 pts)
Remata.

## Cadera para abajo

Usa estambre color rojo cereza.
1: 20 cad unir con pd en la primera cad.
2: 1 cad, mp en todos los pts y unir con pd en el primer p. (20 pts)
Cambia estambre color azul rey.
3-5: * mp * rep. (20 pts)
6: 10 mp. (Salta 10 pts) * Comienza hacer la división de las bermudas. Dejando aparte los pts que saltamos para después trabajar en ellos. Sólo trabaja en 10 pts.
11-12: 10 mp. (Recuerda haber brincado los 10 pts de la vuelta pasada)
Cambia estambre color rojo cereza.
13: * mp * rep. (10 pts)
14: * mpltp * rep. (10 pts)
Cambia estambre color beige.
15: * dism * rep. (5 pts)
16: * dism * rep 2 veces, mp. Remata.

## Pierna

De los 10 pts que dejaste sin trabajar termina la otra pierna.
Usa estambre color azul rey.
1-3: * mp * rep. (10 pts)
Cambia estambre color rojo cereza.
4: * mp * rep. (10 pts)
Cambia estambre beige.
5: * mp * rep. (10 pts)
6: * dism * rep. (5 pts)
7: * dism * rep 2 veces, mp. Remata.
*Al terminar, rellena las dos piernas.

## Cintura para arriba

* El pp debe comenzar por la espalda, justo a la mitad.
Usa estambre beige.
1: 7 mp, 5 aum, 8 mp.
2-3: * mp * rep. (25 pts)
4: 7 mp, dism, 7 mp, dism, 7 mp. (23 pts)
5: 7 mp, 5 dism, 6 mp. (18 pts)
6-8: * mp * rep. (18 pts)
9: * 3 mp, dism * rep. (15 pts)
Rellena.
10: * 3 mp, dism * rep. (12 pts)
Remata.

Aplicación de cara
Irá por debajo de la máscara en forma de una T.
Usa estambre color beige.
1: 11 cad.
2: Mp en la seg cad desde el gancho * mp * rep, voltear.
3-5: Cad, * mp * rep, voltear.
6: 3 pd, 4 mp, voltear.
7-8: Cad, 4 mp.
Remata.

## Máscara (2 piezas)

Usa estambre color rojo cereza.
1: 12 cad, unir con pd en la primera cad.
2: 2 cad, 2 mcz, 2 mcz3lj.
Remata.

## Boca

1: 12 cad y unimos con pd en la primera cad. Remata.
Une estas tres piezas (máscara y boca) con mp por todo alrededor, la pieza de la máscara del ojo izquierdo se tiene que voltear a la hora de tejer para que los picos de la máscara queden a los extremos.

## Brazos (2 piezas)

Usa estambre beige.
1: Am. (5 pts)
2-5: * mp * rep. (5 pts)
6: * aum * rep. (10 pts)
7-9: * mp * rep. (10 pts)
Rellena.
10: * dism * rep. (5 pts)
11: * dism * rep 2 veces, mp. Remata.

## Pasos para armar

1. Une todas las partes del cuerpo usando aguja de caneva.
2. Cose la aplicación de la ¨T¨ a la cara y arriba pon la máscara, cósela por todo alrededor.
3. Por la parte trasera de la máscara cose dos ¨X¨ y laza un moño con estambre color rojo cereza.
4. Con silicón pega los ojos y en los costados de la máscara las dos estrellas de foamy.
5. Y, por último, cose la boca.

TejiendoMéxico

*Tradición*

## El Pan de muerto

54

Sofia Valdez

## Material
- Medida de gancho: 3.5 mm.
- Color de estambre: beige.

## Tamaño
- 5 cm de alto.

## Material Extra
- Pegamento con diamantina dorada.
- Par de ojos negros de 3 mm.
- Sombra de ojos color rosa (maquillaje).
- Hilaza en color negro.

*Nivel de dificultad*

## Tapa
Usa estambre color beige.
1: Am. (6 pts)
2: * aum * rep. (12 pts)
3: * mp, aum * rep. (18 pts)
4: * 2 mp, aum * rep. (24 pts)
5: * 3 mp, aum * rep. (30 pts)
Remata.

## Parte de arriba
Usa estambre color beige.
1: Am. (6 pts)
2: * aum * rep. (12 pts)
3: * mp, aum * rep. (18 pts)
4: * mp * rep. (18 pts)
5: * 2 mp, aum * rep. (24 pts)
6: * 3 mp, aum * rep. (30 pts)
7: * mp * rep. (30 pts)
Une con pd toda la vuelta junto con la tapa y antes de cerrar rellena.
Remata.

## Decoración
(círculo y 4 tiras)
1: Am. (6 pts)
2: * aum * rep. (12 pts)
Remata.
Haz cuatro tiras con cad alrededor del círculo con 5 cad.

Es un tipo especial de pan que no es de consumo cotidiano sino de época, pues está asociado íntimamente a la celebración del Día de Muertos. Esta fiesta puede durar desde un día hasta una semana durante el mes de noviembre, dependiendo de la región.

## Pasos para armar
1. Pega con silicón la decoración del círculo con las tiras en la parte de arriba del pan.
2. Después pega los ojos, cose la boca y pinta chapitas con la sombra de ojos en color rosa.
3. Y, por último, usa el pegamento con diamantina en toda la decoración del círculo y las tiras.

TejiendoMéxico

## Tradición

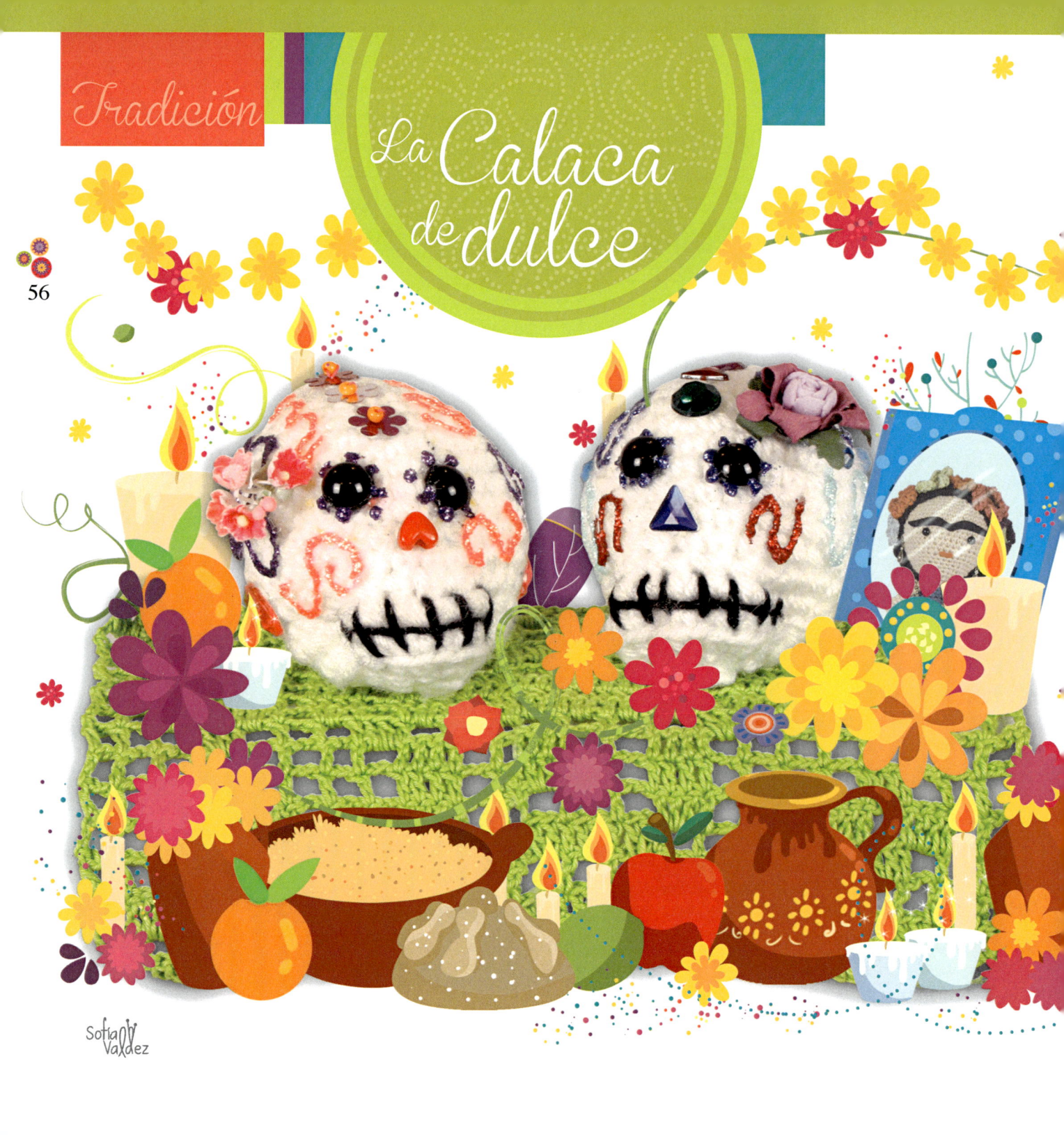

# La Calaca de dulce

56

Sofia Valdez

## Material

- Medida de gancho: 3.5 mm.
- Color de estambre: blanco.

## Tamaño

- 8 cm de alto.

## Material Extra

- Pinturas para tela en varios colores.
- Lentejuela de varios colores.
- 1.50 mts de estambre color negro.
- Relleno.

Nivel de dificultad

Están hechas de azúcar y adornadas con diferentes colores y figuras; son utilizadas para decorar los altares de muertos y las puedes encontrar en los meses de octubre y noviembre. Suelen llevar el nombre de la persona la que está dedicada por la parte de atrás.

## Cabeza

Usa estambre blanco.
1: Am. (5 pts)
2: * aum * rep. (10 pts)
3: * mp, aum * rep. (15 pts)
4: * 2 mp, aum * rep. (20 pts)
5: * 3 mp, aum * rep. (25 pts)
6: * 4 mp, aum * rep. (30 pts)
7: * 5 mp, aum * rep. (35 pts)
8-11: * mp * rep. (35 pts)
12: * 5 mp, dism * rep. (30 pts)
13: * 4 mp, dism * rep 3 veces, 12 mp. (27 pts)
14: * 3 mp, dism * rep 3 veces, 12 aum. (36 pts)
15: 12 mp, * dism, mp * rep 8 veces. (28 pts)
Rellena.
16: * dismltp * rep 14 veces. (14 pts)
17: * dism * rep. (7 pts)
18: * dism * rep 3 veces, mp. (4 pts)
Remata.

## Pasos para decorar

1. Con el estambre negro cose la forma de la boca, da una puntada larga de un lado al otro de la mandíbula y después trabaja con puntadas verticales para dar forma a los dientes.
2. Pega dos lentejuelas como ojos y con la pintura decora con pequeños puntos todo alrededor.
3. Puedes poner el nombre de la persona de quien será la calaca por la parte atrás de la cabeza con pintura de tela.
4. Decora a tu imaginación con pintura y lentejuela para crear diferentes dibujos sobre la cabeza.

TejiendoMéxico

# Tradición

## Papel picado

Cuadros de papel maché de diferentes colores, recortados con motivos mexicanos y unidos con una tira larga. Son colgados para decorar fiestas, principalmente en los días patrios y el día de muertos para adornar los altares.

Nivel de dificultad

1. Haz la cadena base dependiendo de los cuadros del patrón.

*4 cadenas*

*10 cadenas*

Sofía Valdez

2. Sigue el patrón como se te presenta:

- Haz un macizo, dos cadenas y macizo.

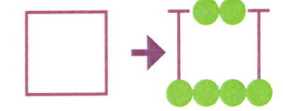

- Hacer 4 macizos.

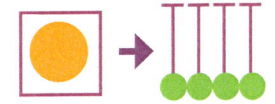

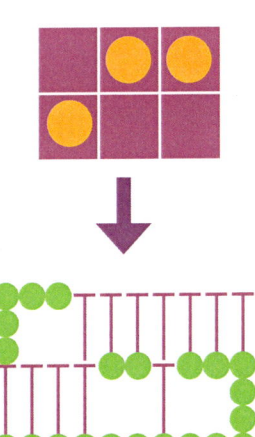

- Si el cuadro está en una orilla, representa cadenas para poder subir, ya sea del lado izquierdo o derecho.

- Si el cuadro está en una orilla, representa cadenas para poder subir, ya sea del lado izquierdo o derecho.

*Orilla derecha*

*Orilla derecha*

*Cadenas para subir*

59

*Tradición*

TejiendoMéxico

# Abeja Oaxaca

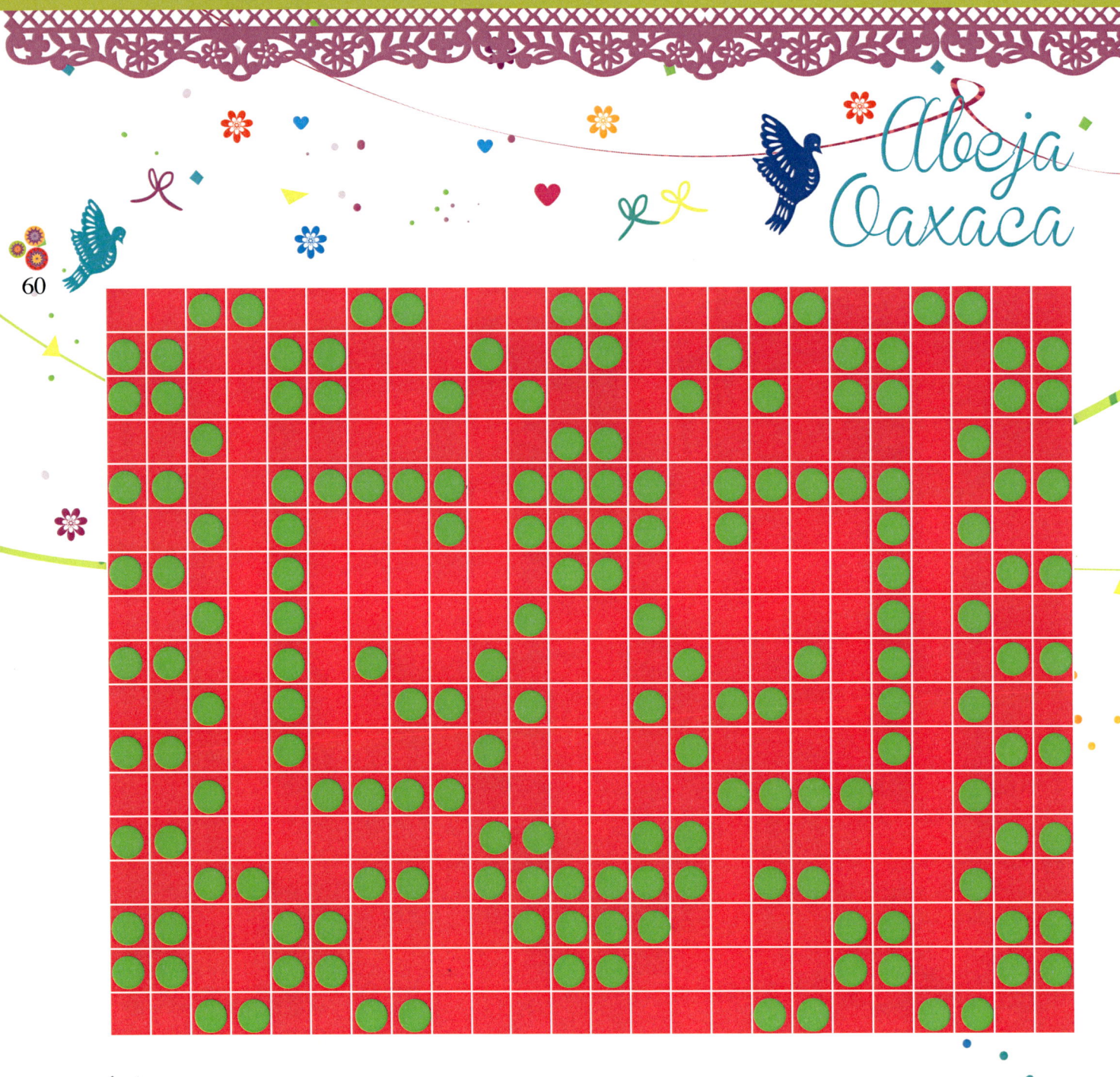

60

Sofia V Valdez

# Calaca

61

# Cruces

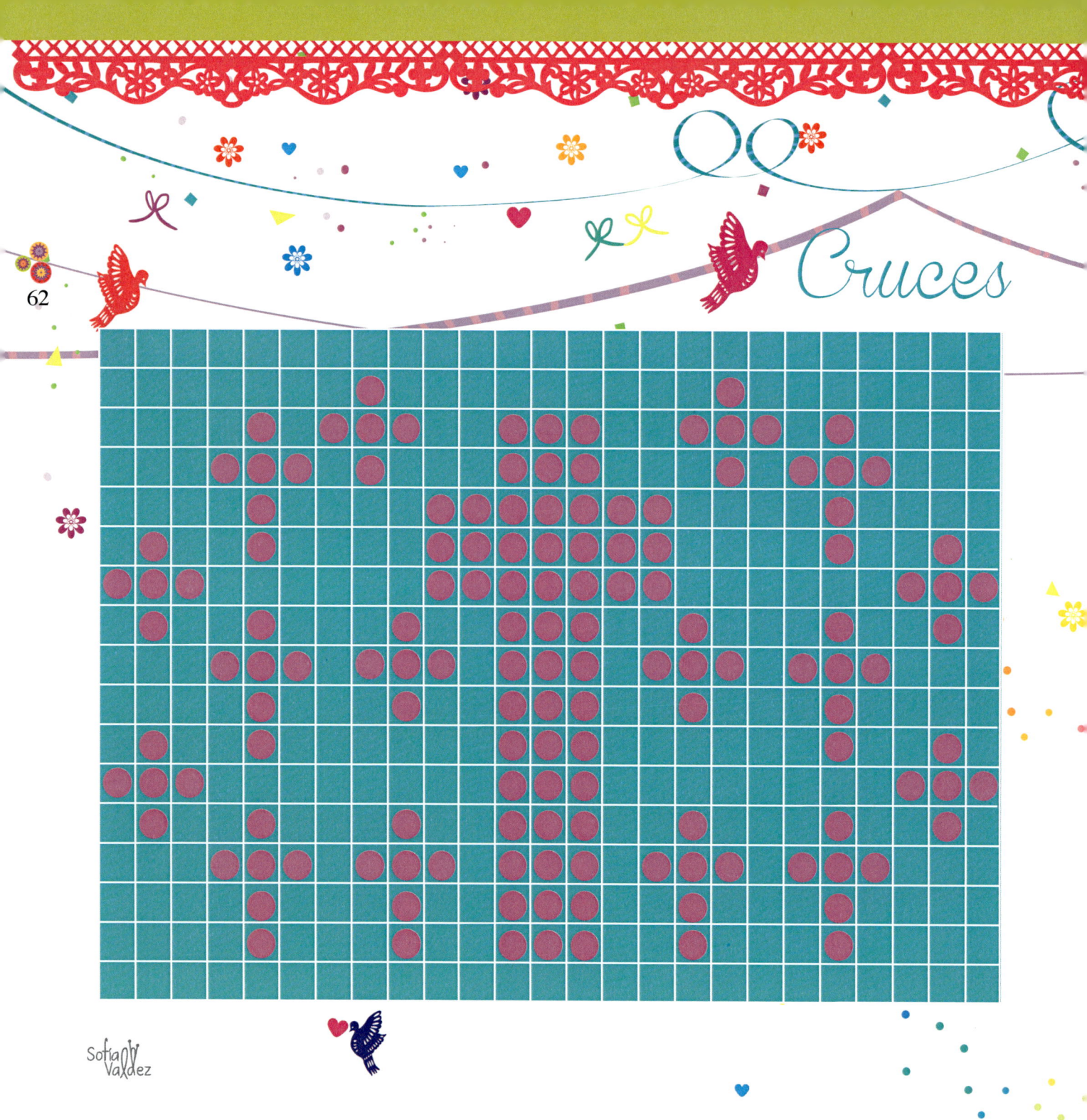

# Flor

63

# Sagrado Corazón

Sofia Valdez

# Viva México

## Acerca de la autora

Sofía Valdez nació en Monterrey, N.L. Es licenciada en Comunicación Social por la Universidad Regiomontana.

De su madre heredó el interés por las manualidades, pues ella fomentó en Sofía este gusto durante los veranos cuando la ponía a practicar y aprender tejido, bisutería, punto de cruz y costura entre otras artes manuales. Esto despertó su creatividad y nació en ella una gran pasión por las cosas hechas a mano.

Vivió unos años en Madrid donde estudió maquillaje profesional y perfeccionó sus conocimientos del tejido, tomando cursos de especialización en diversas técnicas.

Al regresar a su país, empezó a dar clases de tejido y, poco después, abrió un negocio de maquillaje.

Después de cuatro años de preparación, debuta como autora con su primer libro: "Tejiendo México"

67

TejiendoMéxico

TejiendoMéxico

Made in the USA
San Bernardino, CA
02 December 2016